¿Conoces la Tierra? Geografía del mundo

Montañas

por JoAnn Early Macken

Consultora de lectura: Susan Nations, M.Ed., autora, tutora de alfabetización, y consultora de desarrollo de la lectura

Gareth Stevens PUBLISHING

Aprender de los mapas

Puedes aprender muchas cosas de los mapas, si sabes cómo interpretarlos. Esta página te ayudará a interpretar un mapa.

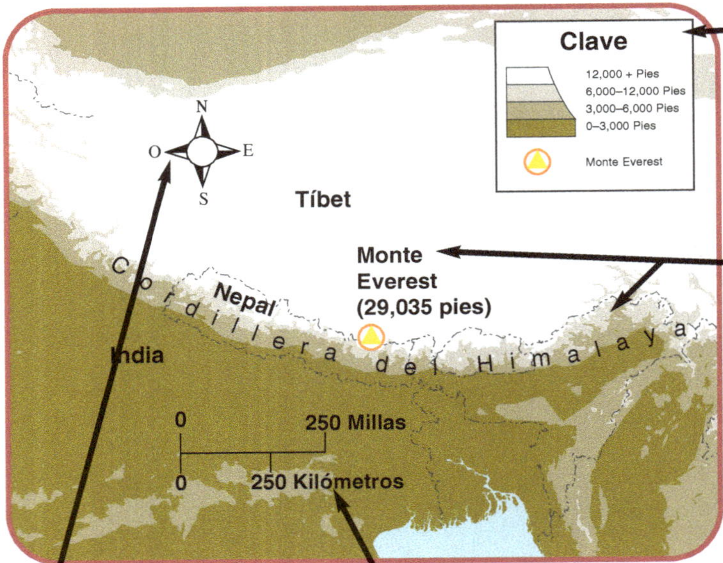

La **clave** (también se llama Leyenda) te dice qué significan los símbolos o los colores en el mapa.

Los **rótulos** te dicen los nombres de los lugares del mapa.

La **rosa de los vientos** te dice dónde están el Norte, el Sur, el Este y el Oeste.

La **escala** puede ayudarte a calcular de qué tamaño son los lugares del mapa o qué distancia los separa. Por ejemplo, una distancia de una pulgada (2. 5 centímetros) en un mapa pueden ser cientos de millas en el mundo real.

Contenido

Cubierta y portada: El monte Rainier tiene nieve y hielo en la cima todo el año. Se encuentra cerca de Seattle, Washington.

Estas montañas son parte de los Alpes. Los Alpes son una cordillera de Europa.

¿Qué es una montaña?

Una montaña es una enorme mole de rocas y tierra. Algunas montañas son tan altas que llegan hasta las nubes. Su **cima**, o parte superior, puede estar nevada todo el año. Otras montañas son lo bastante bajas como para que sea posible escalarlas en un día. La mayoría de las montañas están unidas a otras en largas cadenas. Estas cadenas montañosas se llaman **cordilleras**.

Las laderas de las montañas jóvenes tienen salientes afilados. Las montañas más viejas tienen cimas redondeadas y laderas más lisas. El clima las ha desgastado a lo largo de muchos años. Todas las montañas se han formado durante millones de años.

Muchas montañas tienen cimas altas y rocosas.

¿Cómo se forman las montañas?

Hay montañas en todas las zonas del mundo. Hay montañas hasta en los océanos. Algunas se elevan por encima de la superficie del océano, formando islas.

La capa externa de la Tierra se llama **corteza**. Está formada por secciones llamadas **placas**. Debajo de la corteza hay una capa de roca caliente, parcialmente derretida. Las placas se desplazan lentamente sobre la roca líquida. Donde las placas se encuentran, puede formarse una montaña. La roca ardiente y líquida también crea montañas.

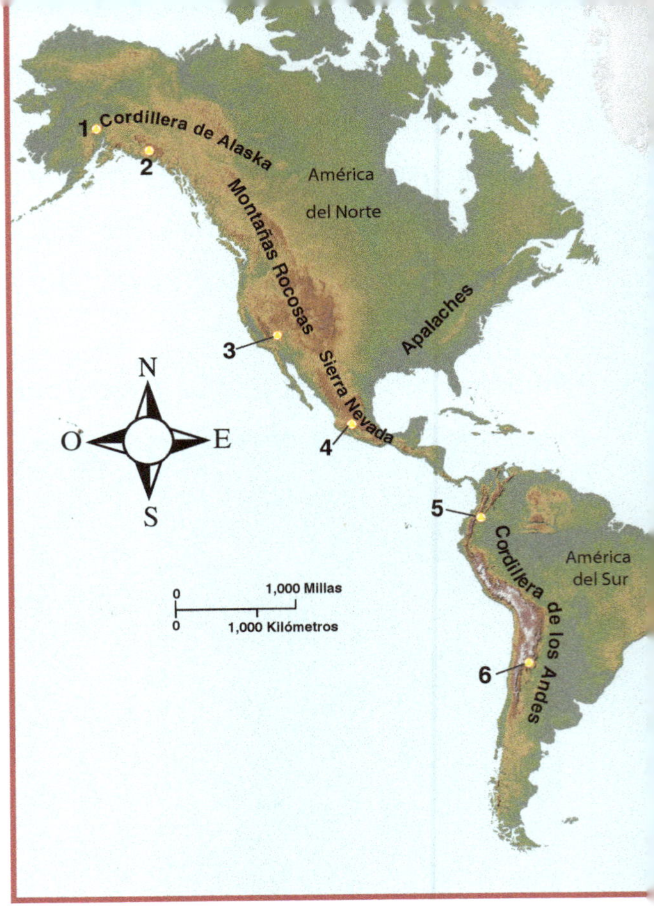

Este mapa muestra las principales cordilleras del mundo y las montañas más altas.

Clave

★ = **Montaña más alta del mundo** △ = **Montaña famosa**

1. McKinley 20,323 pies (6,194 m)
2. Logan 19,850 pies (6,050 m)
3. Whitney 14,495 pies (4,418 m)
4. Popocatépetl 17,888 pies (5,542 m)
5. Cotopaxi 19,348 pies (5,897 m)
6. Aconcagua 22,836 pies (6,960 m)
7. Monte Blanco 15,772 pies (4,807 m)
8. Matterhorn 14,692 pies (4,478 m)
9. Etna 10,902 pies (3,323m)
10. Olimpo 9,550 pies (2,911 m)
11. Ararat 16,946 pies (5,165 m)
12. K2 28,253 pies (8,611 m)
13. Everest 29,035 pies (8,850 m)
14. Fuji 12,388 pies (3,776 m)
15. Kilimanjaro 19,341 pies (5,895 m)
16. Kinabalu 13,432 pies (4,094 m)
17. Kosciuszko 7,310 pies (2,228 m)
18. Cook 12,350 pies (3,764 m)

El monte Everest es la montaña más alta del mundo.

Estas rocas rojizas en Sedona, Arizona, tienen muchos estratos.

Las placas de la superficie terrestre chocan entre sí. Una placa puede deslizarse debajo de otra. Cerca de la superficie, estratos de roca se comprimen, se resquebrajan, se pliegan y se levantan. Los estratos de roca plegados forman una montaña.

Las montañas también se forman en los puntos donde las placas se separan, dejando salir roca derretida. Cuando la roca se enfría y se endurece, puede formar una montaña.

Las rupturas en los estratos de las rocas se denominan **fallas**. Una falla puede ser una grieta enorme en la corteza de la Tierra. Las rocas a ambos lados de la grieta pueden deslizarse una encima de la otra, de manera que un lado de la falla se levanta y el otro se hunde. El lado más elevado puede formar una montaña.

En este acantilado de California podemos ver una falla en un estrato de la roca.

Lava caliente mana de un volcán. Cuando la lava se endurezca, será roca sólida.

Algunas montañas son volcanes. Roca fundida, o **magma**, mana de las grietas de la corteza terrestre. Cuando sale del volcán, el magma se denomina **lava**. Cuando se enfría, la lava se endurece y se convierte en roca. De un volcán puede salir lava una y otra vez. Cada derrame de lava añade una capa a la roca de la montaña.

El magma puede hacer presión por debajo de la corteza y formar una especie de burbuja, o domo. Luego, el magma se endurece bajo la corteza. Este domo es otro tipo de montaña.

El pico Pikes, en Colorado, es una montaña con forma de domo. Se formó cuando el magma hizo presión debajo de la corteza terrestre.

Estas montañas de New Hampshire cambian lentamente con el paso del tiempo.

Montañas cambiantes

A mayor altura, el aire es más frío. El aire frío congela las rocas. Las rocas se calientan al sol y se enfrían por la noche. Pueden congelarse y descongelarse una y otra vez. Con el tiempo, las rocas se resquebrajan. Algunos fragmentos pueden desprenderse y caer.

El viento erosiona el suelo. Lleva partículas de arena y piedra que desgastan la roca.

El hielo y la nieve aflojan fragmentos de roca. Esos trozos son arrastrados por el agua, y al rozar contra las otras rocas de la montaña las desgastan.

Los glaciares también **seccionan**, o abren, el suelo. Arrastran rocas que penetran en el terreno. Las montañas sufren un continuo desgaste.

Los glaciares son ríos de hielo. A medida que avanzan, pueden desgastar las montañas.

En un deslizamiento, pueden caer enormes cantidades de rocas.

Una tormenta o un terremoto pueden debilitar toda la ladera de una colina, y provocar un gran deslizamiento.

En el invierno, las montañas reciben gruesas capas de nieve. Una nueva nevada, un viento templado o temperaturas más altas pueden provocar inestabilidad en las capas de nieve. Una capa podría empezar a deslizarse. A medida que la capa avanza, va recogiendo más y más nieve y va ganando velocidad. Cuando la nieve cae de esta forma recibe el nombre de **avalancha**.

La vida en las montañas

En las montañas puede ser difícil conseguir agua. Las montañas pueden tener una ladera lluviosa y húmeda y otra seca. Incluso en la ladera húmeda, el agua se acaba. El viento seca el agua con rapidez.

Muchas plantas crecen cerca del suelo o en las grietas. Allí, pueden absorber cualquier agua que caiga. En las montañas, los árboles no pueden crecer por encima de una determinada elevación, denominada **límite de vegetación arbórea**. En la cima de los picos altos, ninguna planta puede crecer.

En la cima de esta montaña no crece ninguna planta.

La pika es un pequeño animal de montaña que está emparentado con los conejos.

Aves de todos los tamaños anidan en las montañas. Se alimentan de semillas, plantas e insectos.

Animales pequeños se alimentan de las plantas de la montaña. Algunos **hibernan**, o duermen, durante el invierno.

Las cabras monteses tienen un pelaje largo y lanudo. Saltan de un peñasco a otro. Los lobos hacen sus guaridas resguardadas del viento. Cazan alces y otros animales.

Llamas y yaks también viven en lugares elevados. Tanto los pumas como los linces rojos y los linces encuentran comida en las zonas montañosas.

Gorilas, monos y leopardos viven en las laderas de montañas africanas.

Estas llamas viven en la cordillera de los Andes, en América del Sur.

Este mapa muestra las distintas elevaciones por encima del nivel del mar en América del Norte.

La gente y las montañas

Muchas personas viven en la montaña. A algunas les gusta la escalada o el descenso en esquí. A otras les gusta la montaña por sus vistas panorámicas.

En muchas montañas hay oro, plata, carbón, cobre y hierro. Hay personas que se dedican a **extraer**, o sacar, estos minerales. En algunos lugares, la gente tiene granjas en las montañas. Esas personas construyen terrazas, que parecen escalones. A veces, las terrazas tienen muros de piedra, que evitan que la tierra se desprenda.

Seres humanos han cultivado en esta montaña. Los cultivos crecen en las terrazas.

Un perro guía una manada de ovejas en la ladera de una montaña en Idaho.

En algunos lugares, se lleva a vacas y ovejas a las montañas en la primavera. Allí, los animales pastan hasta que llega el otoño. Después, regresan a zonas más bajas. Pasan el invierno en lugares más templados.

Enfoque: Monte Everest

El Everest es la montaña más alta del mundo. Se eleva más de 5 millas (8 kilómetros) por encima del nivel del mar. El monte Everest forma parte de la cordillera del Himalaya. Se encuentra en Asia, en la frontera entre Nepal y Tíbet, que es parte de China.

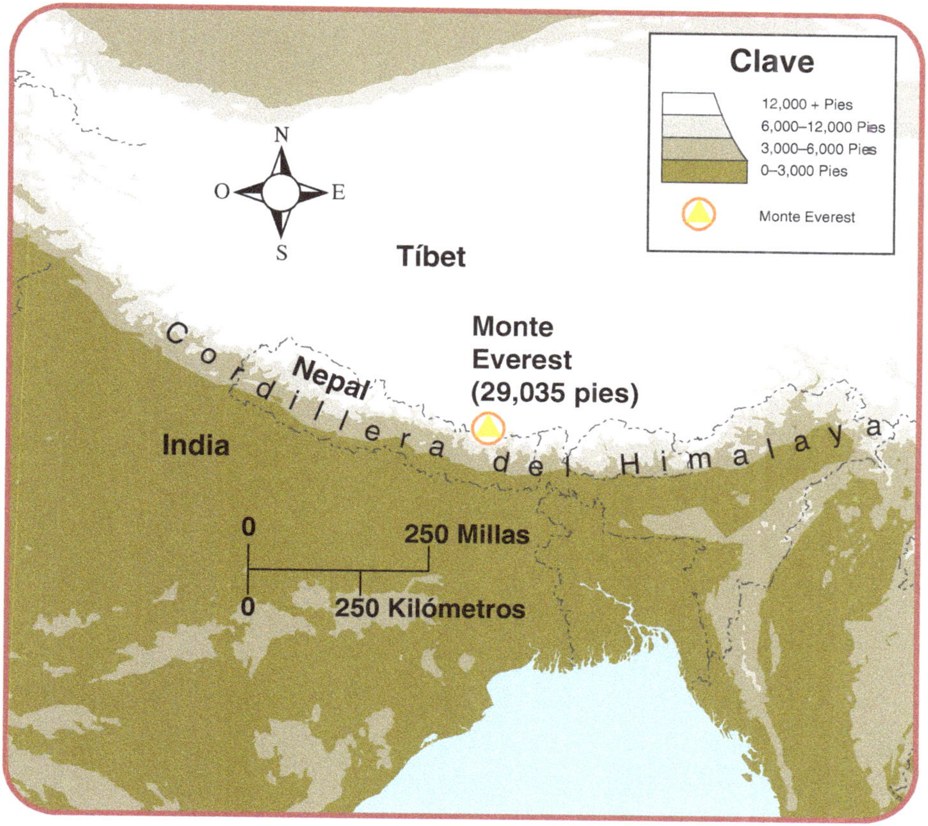

Este mapa muestra la altitud del monte Everest y la elevación de las áreas que lo circundan.

Glosario

descongelar — calentar algo después de haber estado congelado; derretir

desgastar — frotar, golpear o triturar algo hasta obtener fragmentos o polvo

domo — cima o techo redondeados

glaciares — grandes ríos de hielo que, por lo general, avanzan muy lentamente

hibernar — pasar el invierno en estado de inactividad; por ejemplo, durmiendo o descansando

roca fundida — roca derretida que se forma debajo de la superficie terrestre

terrazas — fajas de terreno llano que se encuentran una encima de la otra en un terreno en pendiente

volcanes — aberturas en la superficie terrestre de donde brotan lava, rocas y cenizas

Más Información

Libros

Destruction Earth/Destrucción en la Tierra Extreme Readers – Dual Language (series). Katharine Kenah (Waterbird Books)

La cabra montés. (Mountain Goat) Animales Del Zoológico (series). Patricia Whitehouse (Heinemann)

Mauna Loa: El volcán en actividad más grande del mundo/Mauna Loa: World's Largest Active Volcano. Maravillas Naturales/Natures Greatest Hits (series). Joanne Mattern (PowerKids Press)

Volcanes. Nicholas Harris (Ediciones SM)

Índice

Información sobre la autora

JoAnn Early Macken ha escrito dos libros de rimas con ilustraciones, *Sing-Along Song* y *Cats on Judy*, y más de ochenta libros de no ficción para niños. Sus poemas han sido publicados en varias revistas infantiles. JoAnn se graduó en el programa M.F.A. de Escritura para Niños y Jóvenes de Vermont College. Vive en Wisconsin con su esposo y sus dos hijos.

Please visit our web site at: www.garethstevens.com
For a free color catalog describing our list of high-quality books, call 1-800-542-2595 (USA) or 1-800-387-3178 (Canada).
Our fax: 1-877-542-2596.

Library of Congress Cataloging-in-Publication Data available upon request from publisher.

ISBN-13: 978-0-8368-6546-2 ISBN-10: 0-8368-6546-4 (lib. bdg.)
ISBN-13: 978-0-8368-6553-0 ISBN-10: 0-8368-6553-7 (softcover)

This edition first published in 2006 by
Gareth Stevens Publishing
111 East 14th Street, Suite 349
New York, NY 10003

Editors: Jim Mezzanotte and Barbara Kiely Miller
Art direction: Tammy West
Cover design and page layout: Kami Strunsee
Picture research: Diane Laska-Swanke
Translators: Tatiana Acosta and Guillermo Gutiérrez

Picture credits: Cover, title, pp. 4, 12, 17 © James P. Rowan; pp. 2, 6-7, 18, 21 Kami Strunsee/© Gareth Stevens Publishing, 2006; pp. 5, 13, 15, 16 © Tom and Pat Leeson; p. 8 © Deborah Long/Visuals Unlimited; pp. 9, 14 © Marli Miller/Visuals Unlimited; p. 10 © Bruce Davidson/ naturepl.com; p. 11 © Doug Sokell/Visuals Unlimited; p. 19 © David Cavagnaro/Visuals Unlimited; p. 20 © Paul Dix/Visuals Unlimited

Printed in the United States of America

2 3 4 5 6 7 8 9 10 09 08